세상을 바꾼 그때 그곳으로 2
1955년 미국 인종차별반대운동

버스 타기를 거부합니다

마리옹 르 이르 드 팔루아 글 모르간 다비드 그림
김영신 옮김

한울림어린이

오늘은 내 열 번째 생일이다. 생일이 되면 엄마가 만들어 주던 아카시아 꽃 튀김이 생각난다. 4년 전 마지막으로 먹었던 그 튀김 맛을 난 영원히 잊지 못할 거다.

4년 전 내 생일에 난 엄마를 잃었다.
그날 아침에 엄마는 자신을 밀치는 백인 여자 눈을 똑바로 바라봤다고 했다.
그리고 그날 저녁 아빠와 내가 낚시하러 나간 사이에, 하얀 천으로 온몸을 감싼
남자들이 몰려왔다. 그들은 우리 집에 불을 질렀고, 엄마는 죽었다.

이웃집 할아버지가 헐레벌떡 달려오던 모습이 떠오른다.
나는 잔뜩 잡은 가재들을 자랑하고 싶었지만, 할아버지는 바구니에 눈길조차
주지 않았다. 할아버지는 KKK단이 우리 집에 불을 질렀고, 엄마가 미처 빠져나오지
못했다며 울고 또 울었다. 아빠는 온몸이 굳어 버린 사람처럼 할아버지를 멍하니
바라보기만 했다. 그러다 갑자기 나를 번쩍 안아 들더니, 곧장 이웃집으로 달려갔다.

그날 밤, 아빠와 나는 다른 이웃집에서 따로 지냈다.
이웃집 할머니는 나를 꼭 껴안고 나지막이 말했다.
"이제 더 강해져야 한다. 그리고 꼭 기억하렴.
네 엄마는 너를 이 세상 누구보다 사랑했어."
할머니는 또 말했다.
"아빠랑 되도록 빨리 이 마을을 떠나거라. 여긴 너무 위험해."

내가 좀처럼 잠들지 못하자, 할머니는 노래를 불러 주었다.
강에 낚시하러 갔을 때 할아버지가 가르쳐 준 노래였다.
강가는 할아버지와 내가 가장 좋아하는 장소다. 뜨거운 여름이면
할아버지와 나는 커다란 나무 그늘에 몇 시간이고 앉아 있곤 했다.
할아버지는 나에게 낚시뿐 아니라 시간을 의미 있게 보내는 법,
자연을 마음 깊이 느끼는 법 등을 가르쳐 주었다.
난 매일매일이 언제까지나 이렇게 평화롭고 조용할 거라고 생각했다.

날이 밝자, 잿더미로 변해 버린 우리 집이 보였다.
곧 아빠가 왔고, 나는 할머니와 할아버지에게 작별 인사를 했다.
단짝 친구 로저와도 짧게 눈인사를 나누었다.
그리고 아빠와 나는 남부 지역 몽고메리로 가는 버스를 탔다.

우리는 버스 맨 뒷자리에 앉아 뿌연 흙먼지 속에서 점점 멀어지는 마을을 하염없이 바라보았다. 아빠는 버스가 달리는 동안 내 손을 꽉 잡은 채 아무 말도 하지 않았다.
엄마가 보고 싶었다. 엄마 품에 안겨서 모두 다 잊고 싶었다.
엄마는 내 눈물을 닦아 주고 다정한 말로 날 안심시켜 줬을 테니까.

몽고메리는 커다란 도시였다. 나는 도시를 처음 보았다. 넓은 도로에 수많은 자동차가 달리고, 도로 주위로 거대한 건물들이 줄지어 솟아 있고, 사람들은 모두 깨끗하고 멋진 옷을 입고 있었다. 여기서는 나무와 풀 대신 휘발유 냄새가 났다. 도시는 내가 살던 곳과 완전히 달랐다. 딱 하나, 식수대에 걸린 "백인용" 팻말을 빼면. 나는 도시를 구경하느라 눈이 휘둥그레졌지만, 아빠는 내 손을 꼭 잡고 고개를 푹 숙인 채 땅을 보며 걷기만 했다.

아빠와 나는 또다시 버스를 탔다.
그리고 버스는 하얀 건물들로 가득한 아름다운 도시에서 점점 멀어졌다.
한참을 달려 마침내 우리는 친할머니네 통나무집에 도착했다.
집 밖에 나와서 기다리던 할머니는 나를 보자마자 꼬옥 안아 주었다.

할머니네 마을 사람들은 모두 흑인이다.
모든 식수대에는 "흑인용"이라는 팻말이 붙어 있다.
나는 전학했고, 금세 친구들을 사귀었고,
종종 이웃집 할아버지가 가르쳐 준 하모니카를 불었다.
그리고 일요일이면 교회에 가서 아빠와 함께 찬송가를 불렀다.

우리 아빠는 정원의 꽃과 나무들을 관리하는 정원사다.
아빠를 따라 처음 백인들의 집에 갔을 때, 나는 어마어마하게 큰 돌기둥을
보고 깜짝 놀랐다. 백인들 집은 통나무 대신 커다란 돌로 지어져 있었고,
정원은 이웃집 할아버지와 오가던 숲만큼 크고 넓었다.
아빠가 일하는 동안 잔디에 누워 하늘을 보면 고향에서처럼 풀 냄새가 났다.
아빠는 절대로 백인 아이들과 놀지도, 이야기를 나누지도 말라고 했다.
그래서 나는 늘 커다란 나무들 사이에 자리를 잡았고,
아무도 나를 보지 못할 거라고 생각했다.

그날도 나는 아빠를 따라 어느 백인 집에 갔다. 한 백인 아이가 나를 보고 미소를 지었다. 아이와 똑같이 생긴 백인 아주머니는 쿠키를 같이 먹자고 했다. 아빠는 언제나처럼 고개를 푹 숙인 채 "고맙습니다. 괜찮습니다."라고 대답했다. 하지만 나는 백인들 쪽으로 한걸음 다가가 "네, 좋아요."라고 말했다. 빨간색 원피스를 입고 예쁜 리본으로 머리를 묶은 아이가 말했다.
"난 엠마야."
엠마는 내 손을 잡고 연못으로 가더니 물었다. "물고기 잡을 줄 알아?"
나는 엠마에게 내 친구 이야기를 해 주었다.
"내 친구 로져는 아주 훌륭한 낚시꾼인데….'

이 마을에 온 다음부터 내 생일에는 아카시아 꽃 튀김 대신
세상에서 제일 맛있는 할머니표 토마토콩 수프를 먹는다.
가끔 할머니는 나에게 말한다. "학교를 다니고 읽고 쓸 줄 알다니, 정말
대단하구나." 그리고는 덧붙인다. "할머니의 할아버지는 넓은 목화밭에서
매일 쉬지 않고 목화를 따는 노예였단다. 우리는 노예의 자손이야.
그러니 평생 노예로 살 수밖에 없지."
노예라니, 솔직히 그런 말은 눈곱만큼도 믿고 싶지 않다.

나는 삼촌이 하는 말들이 훨씬 더 좋다. 일요일에 교회 예배가 끝나면,
삼촌은 친구들과 몇 시간씩 모임을 가진다.
모임을 마치고 돌아올 때마다, 삼촌은 발갛게 달아오른 얼굴로 인종 차별과
인권에 대해 이야기한다. 삼촌은 우리 흑인도 백인과 똑같은 권리가 있다고,
언젠가는 우리도 백인과 같은 자리에 앉고 같은 길을 걸으며 같은 학교에
다닐 거라고 한다. 그리고 대통령을 뽑는 투표권도 가질 수 있을 거라고 한다.
그럴 때면 나는 엄마를 죽게 만든 하얀 옷을 입은 사람들을 생각한다.
어쩌면 정말, 그 사람들을 무서워하지 않는 날이 올지도 모른다.

12월 초의 어느 날, 일을 마친 아빠와 나는 집으로 가는 버스를 탔다.
흑인은 버스에 탈 때 먼저 앞문으로 가서 운전기사에게 표를 산 다음, 다시
뒷문으로 타야 한다. 흑인은 뒷자리에만 앉을 수 있기 때문이다. 앞자리는 백인만,
뒷자리는 흑인만, 중간 자리는 백인이 없을 때만 흑인이 앉을 수 있다.

그래도 나는 아빠와 버스를 타고 도시를 가로지르는 이 시간이 정말 좋았다.
게다가 그날은 도시 전체가 크리스마스 준비로 환하게 빛나고 있었다.
물론 아빠는 언제나처럼 고개를 숙인 채 아무 말도 하지 않았다.
엄마가 세상을 떠난 다음부터 아빠는 거의 말을 하지 않았다.

우리가 탄 버스가 정류장 몇 군데를 들르면서 좌석이 거의 다 채워졌다.
그런데 갑자기 운전기사가 소리를 지르더니 버스를 세웠다.
중간 자리에 앉은 어느 흑인 여성이 백인에게 좌석을 내주지 않았기 때문이다.
곧이어 경찰이 도착했고 그 흑인 여성을 잡아갔다.
그래도 아빠는 고개를 들지 않았다. 내가 뭔가 말을 하려고 하자,
아빠는 내 손을 더욱 힘주어 잡았다. 나는 아무 말도 할 수 없었다.

그다음 날 아침 신문에 어제저녁 버스에서 일어난 일이 크게 실렸다.
흑인 여성의 이름은 로자 파크스였고, 감옥에서 하루 만에 풀려났지만
재판을 받아야 한다고 했다.
우리 마을 사람들은 모두 "거부합니다"라고 말한 로자 파크스 이야기만
했다. 삼촌은 로자 파크스 체포에 반대하는 사람들이 '버스 안 타기 운동'을
할 거라고 말했다.

삼촌 말대로 정말 수천 명의 사람들이 버스를 타지 않고 걸어다니기 시작했다. 흑인뿐만 아니라 수많은 백인들이 로자 파크스 체포와 인종 차별에 반대하며 함께 걸었다.

아빠도 일을 마치면 걸어서 집으로 돌아왔다. 아빠가 엠마 집에서 일하던 날에는 나도 아빠와 함께 걸었다. 그날, 엠마와 엠마 엄마는 법이 바뀔 때까지 버스 안 타기 운동을 계속해야 한다고 말했다.

엠마네 정원 일을 마치고 돌아오는 길에 나는 아빠 손을 꼬옥 잡았다. 아빠는 고개를 들고 똑바로 앞을 보며 걸었다. 나도 아빠처럼 고개를 꼿꼿이 들고 걸었다. 아주 먼 곳까지 볼 수 있도록.
아빠는 엄마가 제일 좋아하던 노래를 불렀다. 그리고 말했다.
"엄마가 우리를 무척 자랑스러워할 거야."
나는 마음이 따듯해지면서 왠지 어깨가 으쓱해졌다.

수많은 사람들이 1년 넘게 버스를 타지 않고 걸어 다녔다. 그리고 마침내 미국연방대법원은 "버스 안에서 흑인과 백인은 같은 자리에 앉지 못한다." 라는 법 조항을 없애야 한다고 판결했다.
하지만 나는 안다. 이것이 끝이 아니라, 길고 긴 인종차별반대운동의 시작이라는 것을.

미국 인종 차별의 역사

이 책의 배경은 1955~1956년의 미국이야. 미국 헌법은 1865년에 노예 제도를 없앴어. 하지만 90년이 지난 1955년에도 흑인을 차별하는 제도들은 미국 곳곳에 남아 있었지.

노예 제도

수백년 동안, 유럽 사람들은 피부가 검은 아프리카 사람들을 강제로 잡아다가
배에 실어 미국, 브라질, 유럽 등에 노예로 파는 '노예 무역'을 했어.
백인들은 잡혀 온 아프리카 사람들을 사고팔 수 있는 물건이라고 생각했어.
이 사람들을 죽이고 살리는 일까지 마음대로 했지.
미국에 팔려 온 아프리카 사람들은 목화 농장, 담배 밭, 사탕수수 밭 등에서
자유를 빼앗긴 채 하루 종일 일해야 했어. 사람 이하의 취급을 받으면서 말이야.
1865년 1월 31일, 에이브러햄 링컨 대통령은 노예 제도를 없앤
       수정헌법 13조를 의회에서 통과시켰어.
1865년 4월에는 노예 해방을 둘러싸고 4년 동안 계속되던 남북전쟁이 끝났고,
1865년 12월 18일에는 미국 정부가 노예 제도가 완전히 없어졌다고 발표했어.
       하지만 켄터키주는 1976년, 델라웨어주는 1901년,
       미시시피주는 1995년에 이르러서야
       노예 제도를 없애는 데 동의했다고 해.

인종 차별

노예 제도는 없어졌지만, 인종 차별은 미국 사회에 아주 뿌리 깊게 남아 있었어.
대표적인 예로 미국은 흑인에게 투표권을 주지 않았어. 흑인과 백인은 같은 학교에 다닐 수도,
같은 화장실을 이용할 수도 없었어. 버스나 기차에는 흑인이 절대 이용하면 안 되는
'백인용' 자리가 있었고, 흑인이 들어갈 수 없는 공원, 식당, 도서관도 많아.
하지만 미국 정부는 이것이 차별이 아닌, 분리일 뿐이라고 주장했지.

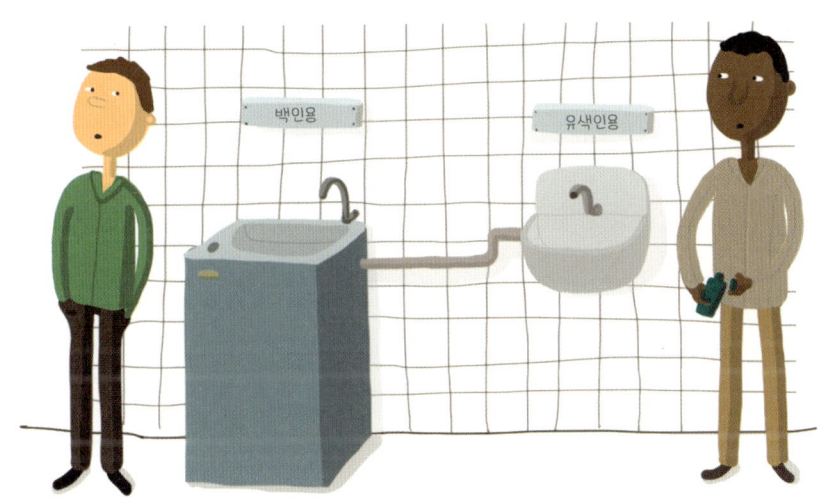

KKK(Ku Klux Klan)

케이케이케이는 백인이 누구보다 뛰어나다고 주장하면서
피부색이 다른 사람들에게 폭력을 일삼는 비밀결사조직이야.
1950~1960년대에는 케이케이케이 단원들이
수많은 테러 사건을 일으켰어. 이들은 머리끝부터 발끝까지
온통 하얀색 천을 뒤집어쓰고 흑인들을 고문하고 죽이고
집을 불태웠지. 케이케이케이는 지금도 적은 수가
미국 남부에서 활동하고 있어.

로자 파크스

이 책에 나오는 로자 파크스는 흑인 인권 운동의 상징이야.
로자는 백인에게 버스 좌석을 내주지 않은 일로 유명해졌고,
이후에도 평생 동안 흑인 인권 운동가로 살았어.
1955년 12월 1일, 백화점에서 재봉 일을 마치고 버스를 탄 로자는
백인이 없을 때는 흑인도 앉을 수 있는 중간 자리에 앉았어.
그런데 운전기사가 나중에 탄 백인에게 자리를 내주라고 했지.
로자 파크스는 당당하게 "거부합니다"라고 말했어. 버스 운전기사는 당장 경찰을 불렀고,
로자는 체포되었어. 재판관은 흑백 인종 분리법을 어겼다는 이유로 로자에게 벌금형을 내렸어.
하지만 로자 파크스는 벌금을 내지 않았어. "나는 잘못하지 않았어요. 벌금을 낼 이유가 없습니다."

버스 안 타기 운동 (버스 보이콧 운동)

수많은 사람들이 로자 파크스의 체포에 반대하는 뜻에서 '버스 안 타기 운동'을 시작했어.
가까운 거리는 걷거나 자전거를 탔고, 먼 거리는 택시를 타거나 자가용을 함께 타고 다녔지.
출퇴근 시간이 되면 걸어가는 사람들로 인도가 빼곡이 들어찼어. 마틴 루터 킹 목사가 이 운동을
이끌었지. 버스 안 타기 운동은 1955년 12월 5일부터 1956년 12월 21일까지 1년 넘게 계속되었어.

결국 미국연방대법원은 버스 안에서 흑인과 백인을 차별하는 제도는 모든 시민의 평등한 권리를 인정하는 미국 헌법에 어긋난다고 판결했어.
7년이 지난 1963년에 마틴 루터 킹 목사는 노예 해방 100주년을 기념하여 열린 워싱턴 평화대행진에서 "I have a dream(나는 꿈이 있습니다)" 이라는 제목으로 연설을 해.
피부색에 따른 차별이 없는, 모두가 평등한 사회를 꿈꾼다는 내용이었지.
이 연설은 전 세계로 퍼져 나갔고, 많은 사람들을 감동시켰어.

오늘날 아프리카계 미국인

미국의 공식 이름은 아메리카합중국(U.S.A.)이야.
흑인은 아프리카계 미국인으로 불리지.
미국에는 전체 인구의 약 13퍼센트에 이르는
약 4천만 명의 흑인이 살고 있어.
1964년에 미국 헌법은 모든 미국인의 평등과 인종 차별 금지를 선언했어.
1965년에는 투표권법이 통과되어, 흑인들의 투표를 제한하는 법 조항이 완전히 없어졌지. 노예 제도가 없어진 지 꼭 100년 만이었어.
2009년 1월 20일에는 버락 오바마가 대통령에 당선되었어.
250년 미국 역사에서 처음으로 흑인 대통령이 나온 거야.

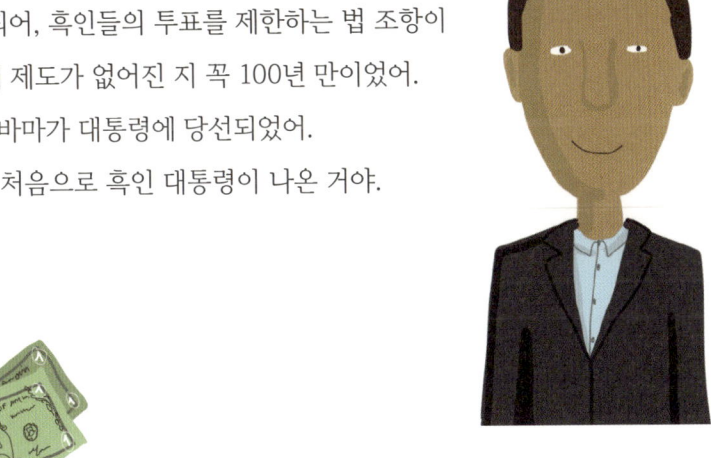

우리나라 차별의 역사

일제강점기 - 차별받은 한국인

1910년부터 1945년까지 일제강점기 동안 우리나라 사람들은 심각한 민족 차별을 당했어. 일본 사람들은 자신들이 모든 면에서 우수하기 때문에 한국이 일본에게 지배 받는 게 당연하다고 주장했어. 한국인을 가리키는 '조센징(朝鮮人, ちょうせんじん)'이라는 말에는 혐오와 무시의 뜻이 담겨 있었지.
민족 차별은 심각해서, 우리나라 사람에게는 좋은 학교에서 배울 기회도, 좋은 일자리를 얻을 기회도 주어지지 않았어. 젊은 남성들은 전쟁터와 탄광으로 끌려가 목숨을 잃거나 강제 노동에 시달렸고, 젊은 여성들은 위안부로 끌려가 치욕을 당했지. 끌려가지 않고 남은 사람들도 일본인에게 괴롭힘을 당하기 일쑤였어. 굶주리는 사람들은 셀 수 없이 많았지. 하지만 아무리 억울한 일을 당해도 우리나라 사람들은 아무런 보상도 받을 수 없었어.

1945년 8월 15일에 마침내 해방이 되고 75년이 지났지만, 일본은 지금까지도 반성과 사과를 하지 않고 있어. 반성은커녕, 전쟁을 일으켰던 사람들을 신으로 떠받들며 제사를 지내거나 2차세계대전을 상징하는 깃발(욱일승천기)을 들고 국제 행사에 참가하는 등 전 세계적으로 비난받아 마땅한 태도를 보이고 있지. 뿐만 아니라 일본은 위안부가 존재했다는 사실을 숨기고 독도가 일본 땅이라고 주장하는가 하면, 교과서에마저 잘못된 주장을 싣고 있어. 한국에 대한 나쁜 감정을 부추기는 책들이 베스트셀러에 오르기도 해. 뿐만 아니야.
일본에 사는 우리나라 교포들에 대한 차별은 지금도 공공연하게 일어나.

오늘날 - 차별하는 한국인

우리나라는 6·25전쟁 이후 1960~80년대에 급격한 경제 발전을 이루는 동안, 프랑스, 독일, 중동, 베트남 등의 나라에 젊은이들을 보냈어. 전쟁으로 황폐화된 우리나라 안에서 일할 곳이 없자, 노동력을 수출하고 외화를 벌어들이려 한 거야. 외국에 나간 젊은이들은 누구나 꺼리는 위험한 일을 도맡아 했고, 그렇게 번 돈을 우리나라로 보냈어.

이렇게 벌어들인 외화가 전체 외화 수입의 2%를 차지할 만큼 엄청난 도움이 되었지.
하지만 힘없는 나라에서 왔다는 이유로, 우리나라 노동자들은 외국에서
아주 힘든 시간을 보내야 했어. 죽거나 다치거나 억울한 일을 당해도 보상받지 못했지.

이후 우리나라 경제는 계속 발전해서, 지금은 일자리를 얻고 돈을 벌기 위해
우리나라에 오는 외국인들이 많아. 우리나라에서 일하는 외국인노동자는 250만 명이 넘고,
귀화하여 우리나라 국적을 취득한 외국인도 20만여 명에 이르지.
다문화가정의 아이들은 25만 명이 넘어.
그런데 우리는 이 사람들을 어떤 시선으로 보고 또 대하고 있을까?
피부색이 다르다는 이유로, 친구를 이름 대신 "다문화!"라고 부르고,
말이 잘 통하지 않는다는 이유로, 힘없는 나라에서 왔다는 이유로,
외국인노동자들을 무시하고 피해 버리는 건 아닐까?
지금 우리나라에서 살고 있는 외국인노동자는 과거 어느 날
해외에 나가서 일하던 우리 할아버지, 할머니의 또 다른 모습이야.
다문화 가정의 친구들은 미국, 유럽을 비롯한 세계 여러 나라에 정착해서 살아가고 있는
우리네 이모, 고모, 삼촌의 아이들일 테지. 우리는 차별받았던 힘겨운 시간들을
기억해야 해. 아픈 역사 속에서 차별이 사라져야 하는 이유와 평등의 중요성을 깨닫는다면,
우리는 그 누구보다 성숙한 세계 시민으로서의 생각과 자세를 가질 수 있을 거야.

함께하는 세상

2018년 12월, 유엔인종차별철폐위원회는 우리나라의 인종 차별 정서가 심해지고 있다고
경고했어. 피부색이 무엇인지, 어느 나라에서 왔는지, 사회적 지위가 어떤지 등으로
사람을 평가하고 차별하는 경우가 많다는 뜻이야.
1948년 세계 인권 선언은 "모든 사람은 태어날 때부터 자유롭고,
똑같은 존엄과 권리를 가진다."라고 했어.
이는 지구에 사는 77억 명 모두를 위한 선언이야. 세계 시민으로서, 우리는 모든 이들의
자유와 평등, 존엄성을 최우선으로 생각하는 보편적 가치를 잊지 말아야 해.

글쓴이 마리옹 르 이르 드 팔루아 Marion le Hir de Fallois

프랑스 부르고뉴에서 살고 있어요. 도시 커뮤니티 프로젝트 관리자로 일했으며,
《애니시아》《엄마의 꿈, 딸의 꿈》《버스 타기를 거부합니다》
《레온의 점》을 썼어요.

그린이 모르간 다비드 Morgane David

1981년에 태어났으며, 프랑스 파리에서 살고 있어요.
컴퓨터를 이용해서 그림을 그려요. 《맥스와 라시드》
《내가 선사시대 사람이라면》《베르사유 산책》 등 여러 어린이책에 그림을 그렸습니다.

옮긴이 김영신

프랑스 캉 대학에서 불문학 석사를 받았고, 불언어학 D.E.A 과정을 수료했어요.
지금은 도서 기획자이자 전문 번역가로 활동 중이에요. 옮긴 책으로는
《날고 싶은 아이, 프리다 칼로》《한 권으로 보는 어린이 인류 문명사》
《지뢰밭 아이들》《수영 팬티》《소금 행진과 간디》
《게르니카, 반전을 외치다》 등이 있습니다.